SOLFÉGES ARTISTIQUES

DE

L. D. BESOZZI

Composés pour les
SOCIÉTÉS CHORALES.

AF297225

Chaque livraison
de 8 pages, 35° net.

I

A LA SOCIÉTÉ CHORALE
Les Enfants de Lutèce.

130.

Paris, chez Mᵐᵉ MAEYENS-COUVREUR, 40 rue du Bac.

Cointé graveur.
Rue Beaubourg, 17, Paris.

Di - min.
Di - min.
Di - min.
p Legato.
p Legato.
p Legato.
p Legato.
p
p
p
f
f
f
pp
pp
pp
14
18
23
27

Cresc.
Cresc.
32
Cresc.
Cresc.
f
f
f
f
Ben legato.
Ben legato.
37
p...Ben legato.
Cres - - cen - - do.
42
Cres - - cen - - do.
Cres - cen - do.
f
Dim.
p
pp
f
Dim.
p
pp
46
f
p

4

Cres - - - cen - - do.
Cres - - - cen - - do.
Cres - - - cen - do.
51

Un poco animato.
ff
ff
ff
ff
55

59

pp
Cresc - - ed
pp
Cresc - - ed
pp
Cresc - - ed
pp
64

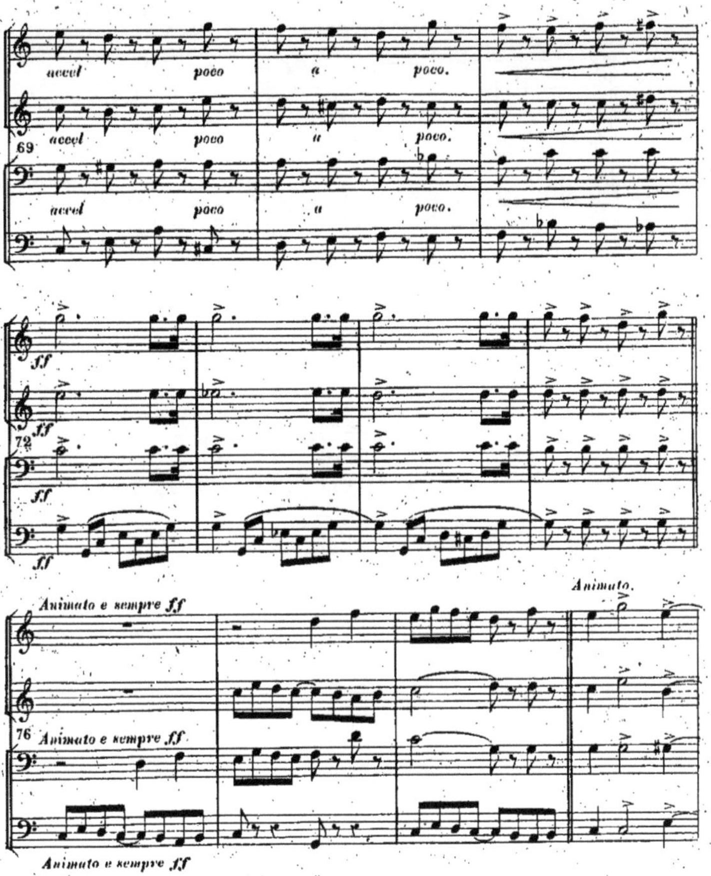

MAGASIN de MUSIQUE
Léon SALME

II

A LA SOCIÉTÉ CHORALE.
Les Enfants de St. Denis.

Allegretto.
TENORS.
BASSES.
Leggiero.
Leggiero.
Leggiero.

23
28
34
40
p > Legg.
p Legg.
p Legg.
p Legg.
f
f
f
f
Dim.
Dim.
mf
p
p
p
p
ff
ff
ff bb
ff

pp
68
Dol.
Dol.
Dol.
Dol.
74
79
84
P. 130.   BESOZZI Solf: art: 2de Liv:

89
94
Ralent.
III
A LA SOCIÉTÉ
La Chorale de l'Odéon.
Moderato.

TENORS.
BASSES.
1
6
J.B. 13050.

pp
pp
12
pp
pp
Dol. cantabile.
pp
pp
pp
pp et léger.
pp
Ben legato.
22
Dol.
27
pp

Cresc un poco.
Cresc un poco.
32
36
42
47
Dol.
Dol.
Dol.
f
ff
p
pp

15
53
Détaché.
pp
f
58
f
pp
f
Détaché.
63
Cresc.
Cresc.
Cresc.
68
Riten.
JP. 130.

Tempo 1º
pp
Dim.
73
Cresc.
Cresc.
78
Cresc.
Cresc.
f
f
f
f
ff
ff
82
ff
ff
p
p
ff
86 p
ff
p
ff

IMPRIMERIE de MUSIQUE
Léon SALMON
20, Rue de la ...

IV

BESOZZI Solf: art: 3ᵉ Liv:

42
48
Cres _ _ cen _ do.
Cres _ _ cen _ do.
Cres _ _ cen _ do.
53
ff
ff
ff
58
p

63
pp
pp
sf
f
Dim.
p
68
Dim:
p
p
p
p
f
Dim.
p
pp
Cres.
74
Dim.
p
pp
Cres.
p
pp
Cres.
pp
cen
do.
f
cen
do.
f
80
cen
do.
f

Dim. Dol.
Dol.
85
Dol.
91
ff
ff
ff
ff
97
103
fff
fff
fff
fff

109
pp
pp
pp
pp
ff
ff
ff
ff
fff
fff
fff
fff
Animato.
pp
Cres
cen
Animato.
pp
Cres
cen
114
Animato.
do.
do.
ff
ff
ff
ff
120
Animato.
126
P. 130.

132

V

A LA SOCIÉTÉ CHORALE
de St. Quentin.

Allegro.
TENORS.
p
p
BASSES.
p
1
p
8
pp
pp
pp
pp
16   Dim.
p

24
32
40
47
Dim.
Dim.
Dim.

Cres - cen - do.
Cres - cen - do.
Cres - cen - do.
81
ff
87
ff
ff
ff
94
ff p
ff p
ff p
ff p
ff p
101
ff p
ff p
ff
ff
ff
ff p
ff

IMPRIMERIE de MUSIQUE
Léon SALME
20 Rue de la Poterie des Arcis

VI

A LA SOCIÉTÉ.
L'Union Chorale de Lille.

Allegro non troppo.
TENORS.
BASSES.
p
f
Dim.
p
f
p
pp
Dol.
Dol.
Dol.
Dol.
p
p
Legg.
p

Legg.
Legg.
31
Dol.
Dol.
Dol.
Cresc.
37
45
ff
ff
f
mf
52
ff
mf
ff
p

mf
pp
59
pp
pp
mf
mf
mf
mf
Dol.
p
67
p
p
Espressivo.
75
p
mf Legato.
83

VII

Allegro franco.
A L'ORPHÉON
de Salins (Jura)
TENORS.
BASSES.
Cresc.
Cresc.
Cresc.
Dim.
Dim.
Dim.

102
111
119
128

Cresc.
Cresc.
p
157
Cresc.
Cresc.
p
146
pp
p
154
pp
p
p
pp
p
Cresc.
f
162
Cresc.
f
Cresc.
f

170
178
186
Cresc.
Cresc.
Cresc.
Di - mi - nu - en - do.
194 Di - mi - nu - en - do.

VIII

A LA SOCIÉTÉ CHORALE
La Clémence Isaure de Toulouse.
Allegro deciso.
TENORS.
BASSES.

p
p
p
6
p
ff
ff
ff
ff
11
Dim.
p
p
Dim.
p
17
22

IMPRIMERIE DE MUSIQUE
Léon SALMET
20 Rue de la Poterie des Arcis

pp
Dol.
Cresc.
47
pp
Dol.
Cresc.
pp
Dol.
Cresc.
pp
p
52
p
57
Dol.
P Legato.
pp
62 P Legato.
pp
P Legato.
pp
pp

Dol.
a Tempo.
pp
Rit.
a Tempo.
pp
Rit.
a Tempo.
pp
Rit.
a Tempo.
pp
p
pp
pp
p
pp
p
pp
p
pp
ff
p
Cresc.
ff
ff
Cresc.
ff
67
72
77
83

89
Cresc.
p
Cresc.
p
Cresc.
p
ff
ff
ff
34
Rall.
Rall.
Rall.
IX
A l'Orphéon de St Omer.
Allegro moderato.
TÉNORS.
mp
mp
BASSES.
mp
8

Con grazia.
p
16
24
p
mf
mf
mf
3
3
32
f
f
f
Dim.
p
pp
40
Dim.
p
pp
Dim.
p
pp

47
55
pp
63
mf
ff
71
Cresc.
Cresc.
Стр. 130.

IMPRIMERIE DE MUSIQUE
Léon SALMES
20, Rue de la Fidelité (près les An...)

X

Léon SALUT

31430

25
30
36
42
Dol.
Dol.
Dol.
Deriso.
Legg.
Legg.
Legg.
Legg.

48
53
59
65
Dim.
Dim.
Dim.
Dol.
pp
pp
p
ff
ff
ff
p
p
p
ff
ff
mf
mf
mf
f
f
f
mf
f

71
pp
Delicato.
pp
17 pp
pp
Legg.
p
82
Dol.
p
Dol.
p
Dol.
87
Dim e ra
Dim e ra
Dim e ra

Lento.
ralent.
pp
92 ralent.
pp
ralent.
pp
Lento.

XI

A LA SOCIÉTÉ CHORALE
d'Avignon.
Andantino. Delicatamente.
TENORS.
Ben legato.
p
1
p
BASSES.
p

f p
6
f
p
ff
Dim.
Dim.
p
10 ff
Dim.
p
ff
Dim.
Dim.
p
ff

Ben legato.
Ben legato.
Legg.
Dol.
Legg.
Dol.
p Dol.
Legg.
Legg.
Dol.
p

34
40
43
47
f
p
f
p
f
p
f
ff
ff
ff
p
p
Cresc.
Cresc.
Cresc.
Dol.
Dol.
p Legg.
Legg.
p Legg.
J.P.

53
f
f
f
f
58
Dimi
nu
en
do
p
pp
Legg.
pp
Legg.
pp
Sempre
pp
Sempre
pp
pp
Sempre
pp
64
70
P.

IMPRIMERIE de MUSIQUE Léon SALWE
20 Rue de la ...

93
Ben legato e cantante.
Dolce.
Espressivo.
99
pp
pp
Legato,
pp
Ben legato.
105
Dolce.
pp
Legg.
Legg.
pp
Cres - cen - do.
111
Cres - cen - do.
f
Cres -
f
Cres -
f
Cres
f

117
cen
do.
121
XII
Allegro franco.
A LA SOCIÉTÉ CHORALE.
La Concordia de Mulhouse.
TENORS.
BASSES.

Legg.
Legg.
Legg.
Legg.
Legg.
Cresc.
Cresc.
Cresc.

Dimin.
Legato.
mp
p
p
p
f
f
f
p
f
ff
ff
ff
ff
sf
sf
sf
sf
sf
sf
sf
sf
sf
sf
sf
33
38
45
48

53
Dimin.
sf
p
58
p
ff
63
Dimin.
Di - mi - nu - en - do.
p Legg.
p Legg.
Dolce.
p Legg.
69
Cresc.
Cresc.
ff
Cresc.

Legg.
Dimin.
p Legg.
p Legg.
p Legg.
f
Ben staccato.
f
Dol.
p
pp
pp
ff
ff
ff
ff
74
79
84
89

Animando un poco.
Sempre ff
Sempre ff
95
Animando un poco.
101
106
Animando.
112
Animando.
130

XIII

LIBRAIRIE de MUSIQUE
Léon SALME
20. Rue de la Poterie des Arcis

Legg.
130.   BESOZZI, Solf: art: 9e Liv.

mf
mp
p
p
p
p
35
40
Sempre pp
45
f
p
pp
p
pp
50
p
pp
p
pp

pp
Cres - cen - do. f
55
Cres - cen - do. f
pp
Cres - cen - do. f
p
Dol.
60
Dol.
p
Molto leggiere.
p
66
Legato.
71

76
82
88
94
Cres
Cres
Cres
cen do.
cen do.
cen do.
f
p
p
Cres cen do.
Cresc.
Cresc.
f
ff
pp
pp
pp
Cresc.
Cres cen
Cres cen

99
do.
do.
f
f
f
f
ff
ff
ff
ff
104
Dim.
Dim.
Dim.
110
Dol.
Dol.
Dol.
Dol.
p
p
p
p
p
p
116

122
p
mf
Dim.
127
p
133
Cresc.
Cresc.
138
f
Dim.
p
Legg.
Dim.

143
p
Dim.
Dim.
Dim.
Dim.
pp
Piccola pausa. P
Dol.
151
pp
p
Dol.
pp
p
Dol.
156
f
p
p
161
f
p
p
f
p
f

165
Cresc.
170
ff
175
180
J.P. 150.

SOLFÉGES ARTISTIQUES
DE
L.D.BESOZZI
Composés pour les
SOCIÉTÉS CHORALES

BIBLIOTHÈQUE IMPÉRIALE IMPR.

18.

Au Cercle Orphéonique
(CRICKS-SICKS)
de Tourcoing.

Paris, chez Mme MAEYENS-COUVREUR, 40 rue du Bac.
BESOZZI Solf: art: 14e Liv:

1869.

IMPRIMERIE DE MUSIQUE Léon SALLÉ

Rit.
Tempo 1°
p
15
20
25
p
p
p
mf
mf
mf
f
f
Cresc.
Cresc.
Cresc.
30

ff Riten un poco.
p sotto voce.
34 ff Riten un poco.
p sotto voce.
ff Riten un poco.
p sotto voce.
f
p Dolente.
39
f
f
pp
p Dolente.
43
Un poco rit.
pp
Ben dolce.
pp
47
pp

4
Riten.
Tempo 1º.
Dim.
pp
52
Dim.
pp
Dim.
pp
Cresc.
Cresc. molto.
56
Cresc.
Cresc. molto.
Cresc.
Cresc. molto.
sf
f sf>
pp
60
f sf>
pp
f sf>
pp
f
pp
Cresc. un poco.
mf
65
Cresc. un poco.
mf
Cresc. un poco.
mf

5
Dim.
pp
70
Dim.
pp
Dim.
pp
pp ma marcato.
76.
pp ma marcato.
pp ma marcato.
ten.   ten.   ten.
pp
78
pp sotto voce.
pp sotto voce.
Dim.
mf   p   Di - min.
83   mf   p   Di - min.
mf   p   Di - min.
150.(2)

Ralent.
Allegro grazioso.
pp
p e delicato ma vivo.
pp
p e delicato ma vivo.
88
pp
p e delicato ma vivo.
pp
pp Dol.
93
pp Dol.
pp Dol.
97
Dim.
pp
pp
101
pp
pp

106
Grazioso.
pp leggiere.
pp leggiere.
112
Molto leggiere.
Molto leggiere.
Molto leggiere.
115
Cresc.
Cresc.
Cresc.
120

8.
Con energia.
124
128
135
137

142
146
mp
150 mp
pp
mp
pp
Ben staccato.
Dimin.
154
Legg: e delicato.
pp

Leggiere e delicato.

158
162
166
Cresc un poco.
Cresc un poco.
mf
mf
mf
170
pp
pp
molto leggiero.

Legg.
Legg.
174
Legg.
pp
pp
178
Cantante e ben legato.
mp
183
Grazioso.
Dolcissimo.
187
Dolcissimo.
Dolcissimo.

12
Ben legato.
191
196
ppp sotto voce.
ten.
ppp sotto voce.
ten.
pp
ten.
200
ten.
ten.
ten.
ten.
Un poco cresc.
204
ten.
Un poco cresc.
ten.
JB.130

Cresc
poco
a
poco.
208
Cresc
poco
a
poco.
Cresc
poco
a
poco.
Cresc molto.
212
Cresc molto.
Tutta forza.
ff
216 ff
ff
220

Sempre ff
224
229
Marcato assai
ff
234
239
Animando un poco.

Animundo.
Animando.
244
249
19.
A l'Orphéon
Pléyel-Wolff.
Allegro leggiere.
TENORS.
BASSES.
p
p
p
3

9
pp Legg.
13
Dim.
Dim.
Dim.
p Leggiere.
17 p
Leggiere.
p
Leggiere.
21

25
ff
ff
Legg:
p.
Legg:
p
p >
p >
29
Dol.
p
p
33
37

18
41
45
49
Legato.
Sempre dolce.
53
Leggiere.
J.P. 143

p
Dol e grazioso.
p Dol e grazioso.
Dol e legato.
57
62
Ben legato.
67
72

77
82
87
92
Cresc.
Dim.
p Cresc.
Dim.
p Con grazia.
p Con grazia.
p

p
97
Dim.
102
Legg:
pp
Legg:
106
111

115
Cresc.
Cresc.
Cresc.
Cresc.
f
f
f
119
Cresc.
Cresc.
Cresc.
125
f
Di _ min.
Di _ min.
Dim.
Dol assai.
Dol assai.
Dol ed express.
pp
128
pp

Cresc un poco.
133
Dim.
p
p
p
mf
138
Dol.
Dol.
143
Dim.
Dol.
mf
Dim.
Dol.
Dol.
148
Dol.
Dol.

Cresc.
152
Cresc.
Cresc.
f
f
f
Di _ min.
157
Di _ min.
Di _ min.
p
p
162
ff
ff
ff
167

Di _ min.
Di _ min.
172
Di _ min.
mp
mp
Di _ min.
mp
mp
Cresc.
178
Cresc.
f
Cresc.
f
f
Leggiere.
p
182
Espressivo e
Dol.
pp
187 dolce.

Cresc.
Cresc.
194
Cresc.
Cresc.
ff
198
ff
ff
Sempre ff
204
Sempre ff
208

20

Andante.
A LA CHORALE
Beauvaisienne.
TENORS.
ff
BASSES.
ff
ff
ff
In stile di siciliana e lo stesso tempo.
pp
pp
pp
pp
Ben legato.
Dimin.
p. Molto leggiere ed elegante.
pp
mf
pp
p
pp
mf
Dim.
pp
mf
pp

28
mf
Dim.
17
mf
Dim.
mf
Dim.
Dolce e grazioso.
Cresc.
21
Cresc.
Dolce e grazioso.
Cresc.
f
ff
Dim.
26
f
ff
Dim.
f
ff
Dim.
p
pp
Legg assai.
31
p
pp
Legg assai.
p
p
Legg assai.
JB.130.

Legg.
Più f e franco.
p
Legg.
35
Più f e franco.
Dim
p
Più f e franco.
p
sf
Dim.
39
f
Dim.
f
Dim.
Grazioso.
p
p
43
p
p Grazioso.
Ben legato
f
47
f
f
e cantante.

52
ff
ff
ff
Dolce assai.
Dim.
p
57
Dim.
p Espressivo.
Dim.
p
f
61
f
f
Dolce assai.
pp
Cres - - cen -
65
pp
Cres - cen
pp
Cres - cen

Leggiere.
do.
ff
Dim.
p
Dim.
70
do.
ff
Dim.
p
Dim.
do.
ff
Dim.
p
Leggiere.
Dim.
pp
74
pp
Ben legato.
Tempo 1º.
Dol.
p
Dol.
78
Riten.
p
Dol.
Dim
e
Riten.
p
Dol.
81
f
f

BIBLIOTHEQUE IMP.

DÉPOT LÉGAL
2364
1869

SOLFÉGES ARTISTIQUES

DE

L. D. BESOZZI

Composés pour les

SOCIÉTÉS CHORALES.

BIBLIOTHÈQUE IMPÉRIALE IMPR.

1er TÉNOR. **1.**

À LA SOCIÉTÉ CHORALE *Les Enfants de Lutèce.*

Moderato.

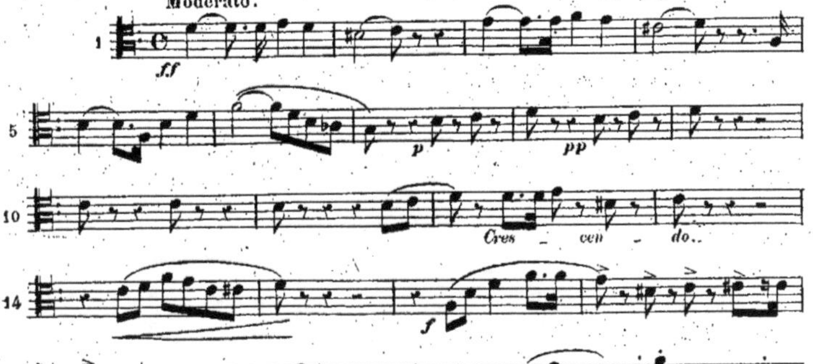

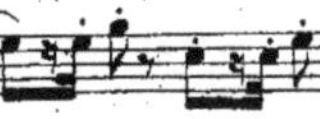

Paris, chez Mme MAEYENS-COUVREUR, 40, rue du Bac.

Plus de [clef] au Ténor. L. D. B. (1868)

Vin.

1869

Cres - - cen - - do.
Un poco animato.
pp
Cresc. ed accel poco
a poco.
Animato. e sempre ff
Animato.
2.
À LA SOCIÉTÉ CHORALE
Les Enfants de St Denis.
Allegretto.
pp
Dim.
Cresc.

pp
Dol.
ff
Ralent.
3.
À LA SOCIÉTÉ
La Chorale de l'Odéon.
Moderato.
f
p
pp
Dol. cantabile.
pp
Ben legato.
Dol.
Cresc un poco.
Dol
p
Détaché
pp

4
63
68
Cresc.
Tempo 1º.
73
pp
78
Cresc.
f
f
83
ff
p
87
ff
Di _ _ min.
92
p
Cres _ cen _ do.
95
ff
98
Leuto.
102
Sempre ff
4.
Allegretto.
A L'ORPHÉON de ROUEN.
1
p
8
14
20
26
JE.130

33
Legg.
38
45
Crescendo.
52
ff
58
p
64
pp
69
f Dim: p f
75
Dim. p pp Cres _ cen _ do.
83
f
92
99
ff
106
fff pp ff
112
Animato.
fff pp Cres _ _ _ cen _
119
ff
_ _ do.
126
132

5.
À LA SOCIÉTÉ CHORALE
du St. Quentin.
Allegro.
p
pp
p
1
Dim.
p
p
mf
4
Cres.
cen
do
ff
ff
p
ff
p
ff
p
ff
Sempre ff
f
f

6.

À LA SOCIÉTÉ
L'Union Chorale de Lille.

Allegro non troppo.

123
131
139
147
7.
A L'ORPHÉON
de Salins (Jura)
Allegro franco.
Cresc.
Dim..
Dim..
Dim..
Dim..
Cresc.
pp
ff
ff
p
f
ff
f
ff
mf
Dim.
pp
pp
mf
f
ff
Dim.
p
mf
f
f
p
pp
p

PRIX 50c net.
1er TÉNOR.
2e Livraison.
9
8
A LA SOCIÉTÉ CHORALE
Du Clémence Isaure de Toulouse.
Allegro deciso.
BESOZZI Solf: art:

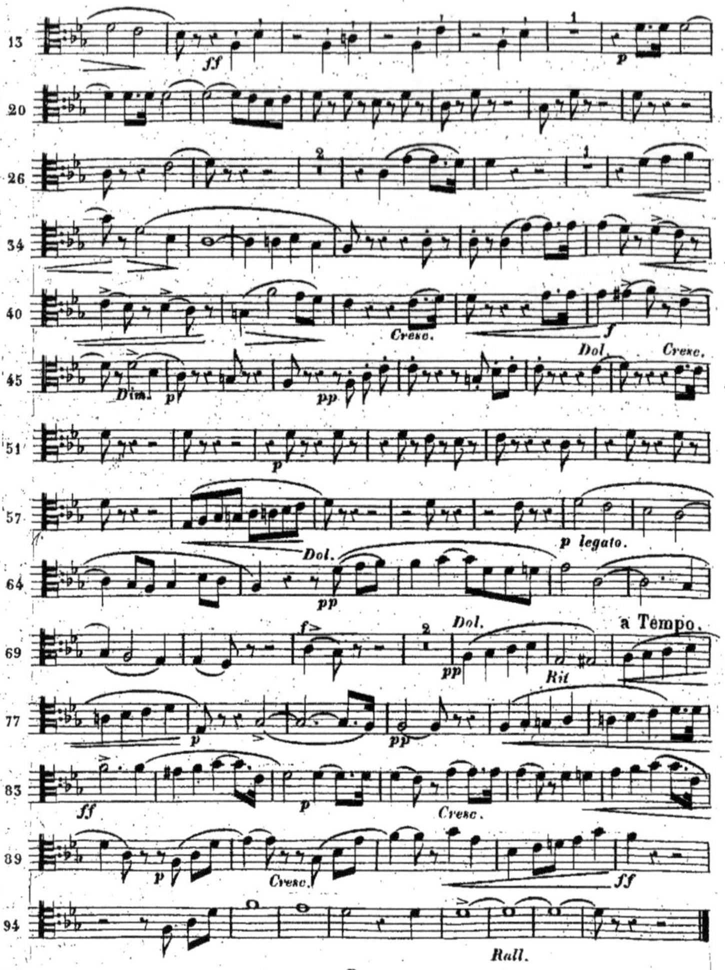

9.

A l'Orphéon de St Omer.

Allegro moderato.

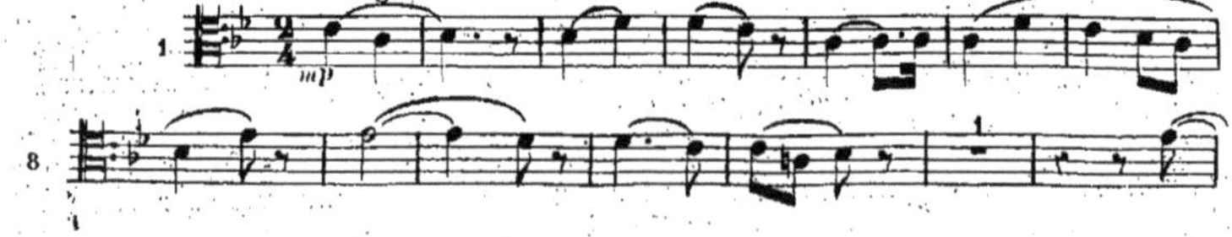

Con grazia.
Dim.
Rall e perdendosi.

10.

A LA SOCIÉTÉ
Le Chorale normand de Cean.

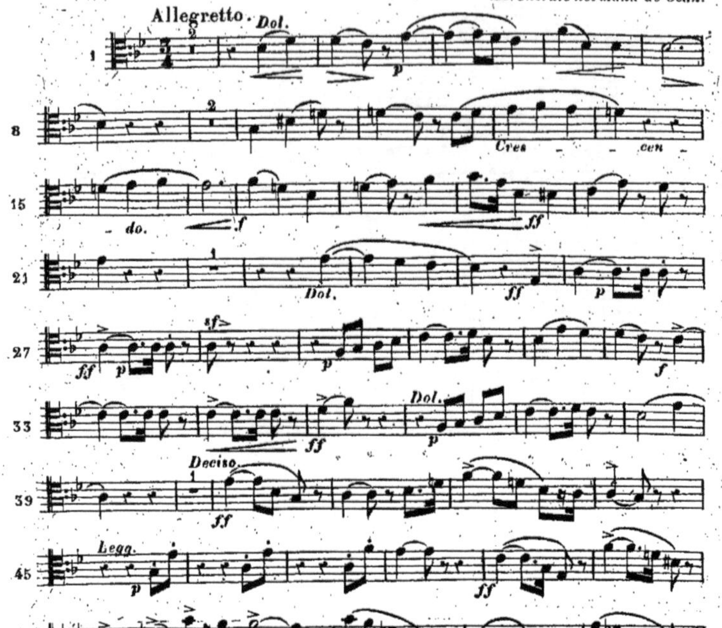

11.

Andantino, *Delicatamente.*

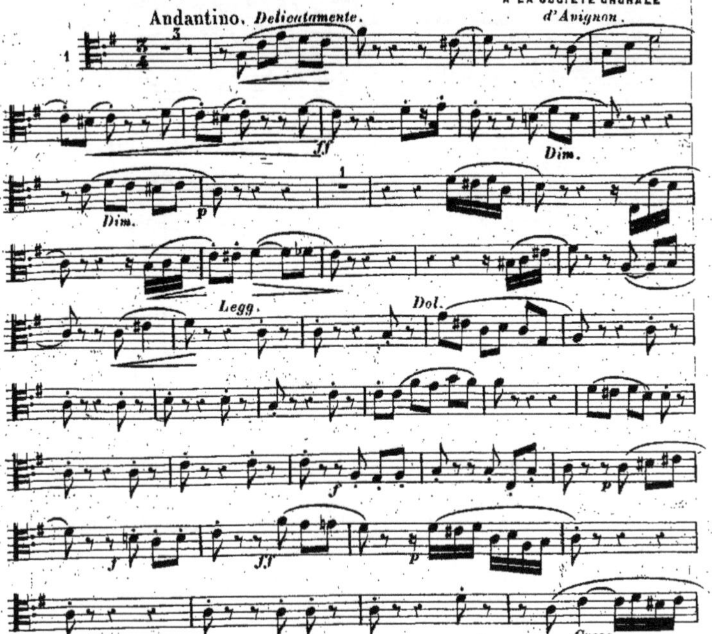

88
cen _ _ do.
f
91
Dim.
p
97
pp
pp
106
Legato.
4
115
f
Cres _ _ cen _ _ do.
120
ff

12.
Allegro franco.
A LA SOCIÉTÉ CHORALE
La Concordia de Mulhouse.
1
f
p
6
ff
p
Legg.
11
ff
p
1
1
17
f
p
Legg.
23
Cresc.
28
f
34
p
40
f
46
f
ff
sf

13.
A LA SOCIÉTÉ CHORALE
La réunion lyrique de Bruxelles.
Allegro vivo e leggiere.

16

150.　BESOZZI Solf: art:

18
14.
Allegro non troppo
quasi allegretto.
A LA SOCIÉTÉ CHORALE
La Cécilienne de Genève.
ff
p
ff
Di _ min.
Sempre ff
Legg.
p
p
pp
Dol e cantante.
mp
p
mp
Legg.
Dol.
Legg.
Dol.
pp
Cresc.   molto.   ff   Di _
mi _ nu _ en _ do.   Dol.
Dol.
Legg.
Legato ed espressivo.

Di _ min.
pp
Legg
Cresc.
f
ff
Di. _ min.
p
Cresc. f
pp
Cresc.
Dim.
Dolcissimo.
pp
pp
fp
fp
Legg.
Sempre pp
Poco a poco a _ ni _
min _ do.
f
ff
Sempre ff a franco.
Animando.

15.

A LA SOCIÉTÉ
La Chorale d'Autun.

Allegretto con fermezza.
Dolce e ben legato.
Espress.
Rit un poco. Tempo 1º
Dim pp Sotto voce.
Legato.
Dim.
Dol.
Grazioso.
Cresc.
Cresc molto.
sf> sf>
ff
Ben legato.
Di _ mi _ nu
Riten. Dolce. Tempo 1º
Legg.
_ en _ do. p pp
Di _
min.
Cresc un poco.
Leggiere.
mf
Dim.
Dol. e ben legato.
Cres _ cen _ do.

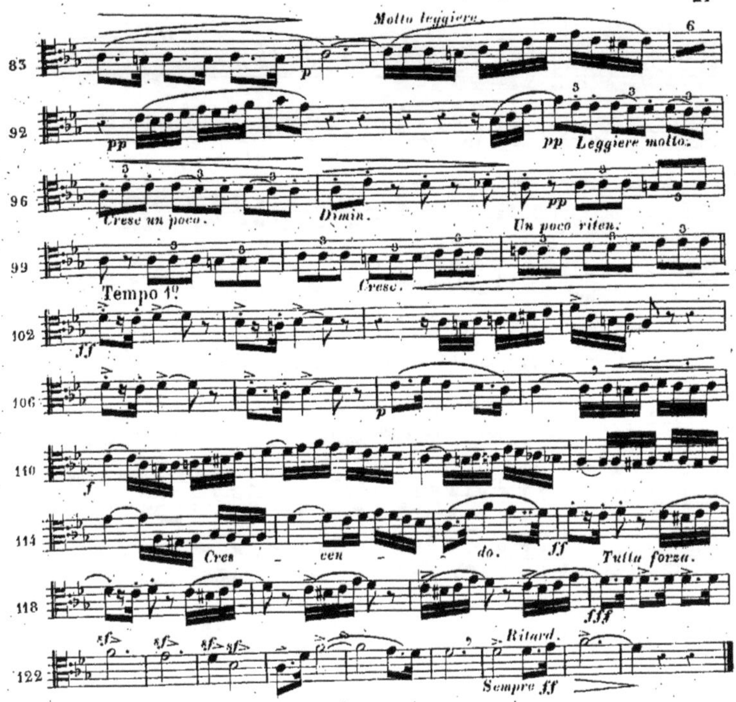

16.

Allegretto quasi andantino.

A l'Orpheon de Barcelonne.

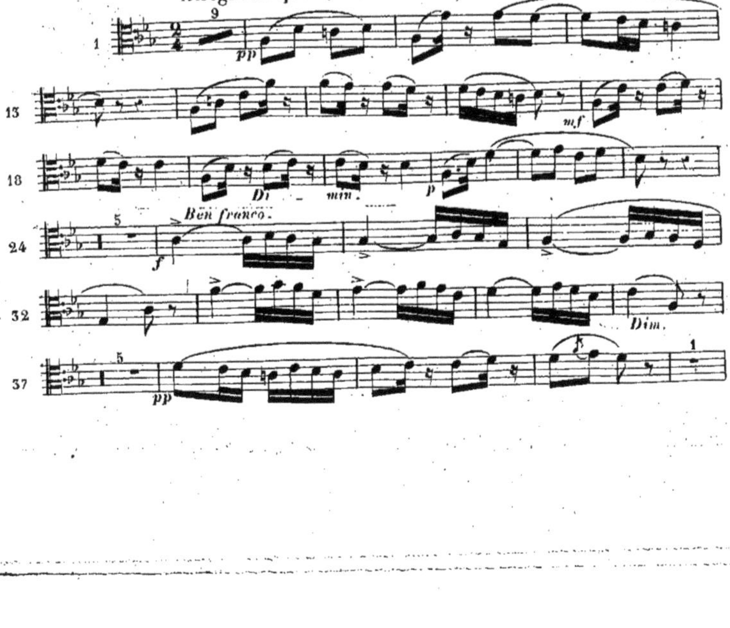

46
Cresc.
55
Leggiere assai.
60
66
72
Ben legato.
78
83
89
94
pp e leggiere.
100
Dol. e legato.
106
Leggiere..
Ben leggiere..
113
119
126
140
Per _ den _ do _ si.
146
Riten un poco.
ppp
Sotto voce.
mf

17.

A LA SOCIÉTÉ
La Chorale de Genève.

Allegro deciso.
Cres - - - cen - - do. poco a
poco.
sf sf sf
ff sf Lunga pausa.
Allegretto.
p e staccato..
Cresc un poco. mf
pp
p
Cresc un poco. mf
p
mf
Cresc poco a poco.
f
ff

24
Ben franco.
pp
ff
pp
ff
pp
ff
Ben franco.
Dolce.
p
Cresc
poco
a
poco.
Dim.
p e staccato.
Sempre pp
p
Cres cen do poco a
poco.
Cres cen do poco a poco.
Un pochetto animato.
Tutta forza.
ff
Sempre tutta forza.
Animando.

SOLFÉGES ARTISTIQUES

DE

L. D. BESOZZI

Composés pour les
SOCIÉTÉS CHORALES.

3 *Livraison*
1f 25c net.

Chaque livraison
de 8 pages 50c net.

2ᵐᵉ TÉNOR.
Première livraison.

1.

A LA SOCIÉTÉ CHORALE
Les Enfants de Lutèce.

Paris, chez Mᵐᵉ MAEYENS-COUVREUR, 40 rue du Bac.   L.D.B.(1868)

1869

2
Cres cen do
Un poco animato..
Crese ed accel poco
a poco.
Animato e sempre ff
Animato..
A LA SOCIÉTÉ CHORALE
Les Enfants de St Denis.
2.
Allegretto..
Leggiero..
Legg:
Cresc.
J.B.15
30.

3
Dimin.
pp
mf
Dol.
p
f
ff
Ralent.
3.
A LA SOCIÉTÉ
La Chorale de l'Odéon.
Moderato.
f
p
f
pp
sf
pp
f
Dol.
Cresc un poco.
f
ff
p
Dol.

Détaché.
58
64
Cresc.
69
pp
75
Cresc.
80
ff
f
f
85
p
ff
Di — — min. p Cres — cen — do.
90
ff
94
98
102
Sempre ff
Lento.
4.
A L'ORPHÉON de ROUEN.
Allegretto.
1
p
9
15
21
27
mf
Legg:
33

5
39
46
Crescendo.
52
57
63
pp
68
Dim. p
74
Dim. p pp Cres
cen do.
81
f
86
Dim. Dol.
92
99
ff
105
fff pp
110
ff fff
115
pp Animato.
Cres cen do.
123
ff
131
130.

6
Allegro.
B.
A LA SOCIETÉ CHORALE
de St. Quentin.
pp
p
Dim.
f
mf
Cres
cen do.
ff
ff
p
ff
p
ff
p
ff
Sempre ff
J.P.1
50.

120
126
6.
A LA SOCIÉTÉ
L'Union Chorale de Lille.
Allegro non troppo.
1
p
8
p
f
p
ppf
Dol.
17
25
p
Legg:
p
32
Dol.
38
Cresc.
45
f
53
ff
f
mf
60
pp.
mf
67
p
75
p
84
Dim.
p
92
99
f
mf
p

8
107
116
125
132
139
147
7.
Allegro franco.
A L'ORPHÉON
de Salins. (Jura)
Cresc.
Dim.
Dim.
Dim.
Dim p
Dim.
Cresc.

PRIX 50ᶜ net.
2ᵐᵉ TENOR.
2ᵉ Livraison.
9
Cresc.
Cresc.
p
Cresc.
mf
2
Cresc.
Di - mi - nu - en - do.
BESOZZI Solf: art:

8.

A LA SOCIÉTÉ CHORALE
La Clémence Isaure de Toulouse.

9.

Allegro moderato.
A l'Orphéon de St. Omer.

mp
9
18
p
27
mf
Dim.
35
ff
43
p
pp
f
51
p
58
pp
65
mf
ff
Cresc.
72
p
79
f
Dim.
86
ff
sf
sf
sf
95
p
ff
106
pp
114

12
121
ppp
128
Rall e perdendosi
135
pp
10.
A LA SOCIÉTÉ
Le Chorale normand de Caen.
Allegretto.
Dol.
1
p
6
p
12
f
Cres — cen — — do.
Dol.
18
ff
p
1
25
ff
p
ff
pp
p
pp
30
f
ff
Dol.
1
36
p
pp
ff
Legg:
43
49
ff
p
55
ff
msff
Dim.
61
f
67
pp
p
73
pp
pp
J.P.150

79

87

92

11.

A LA SOCIÉTÉ CHORALE
d'Avignon.

1

8

14

19

24

30

36

41

48

53

58

64

70

76
81
Dol.
ff
pp
Legg:
87
Cres — cen — do.
f
91
Dim.
p
97
pp
pp
106
Ben legato
Dolce.
Legg.
Cres —
112
cen — do.
f
Cres
117
— cen — — do..
ff
Cres
121
12.
A LA SOCIÉTÉ CHORALE
La Concordia de Mulhouse.
Allegro franco.
f
p
6
ff
p
ff
p
12
Legg.
17
f
p
23
Legg:
Cresc.
29
f

34
Dimin.
40
45
f
p
f
ff
50
sf> sf>
sf> sf> Dimin.
p
55
p
60
ff
3
p legg:
Cresc.
67
1
p legg:
73
79
f
84
pp
ff
90
Sempre ff
97
104
Animando.
111
118

13.

Allegro vivo *e leggiere.*

A LA SOCIÉTÉ CHORALE
La réunion lyrique de Bruxelles.

BESOZZI Solf: art: — BIBLIOTHÈQUE IMPR.

130.

14.

A LA SOCIÉTÉ CHORALE
La Cécilienne de Genève.

Allegro non troppo
quasi allegretto.

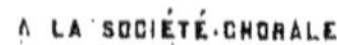

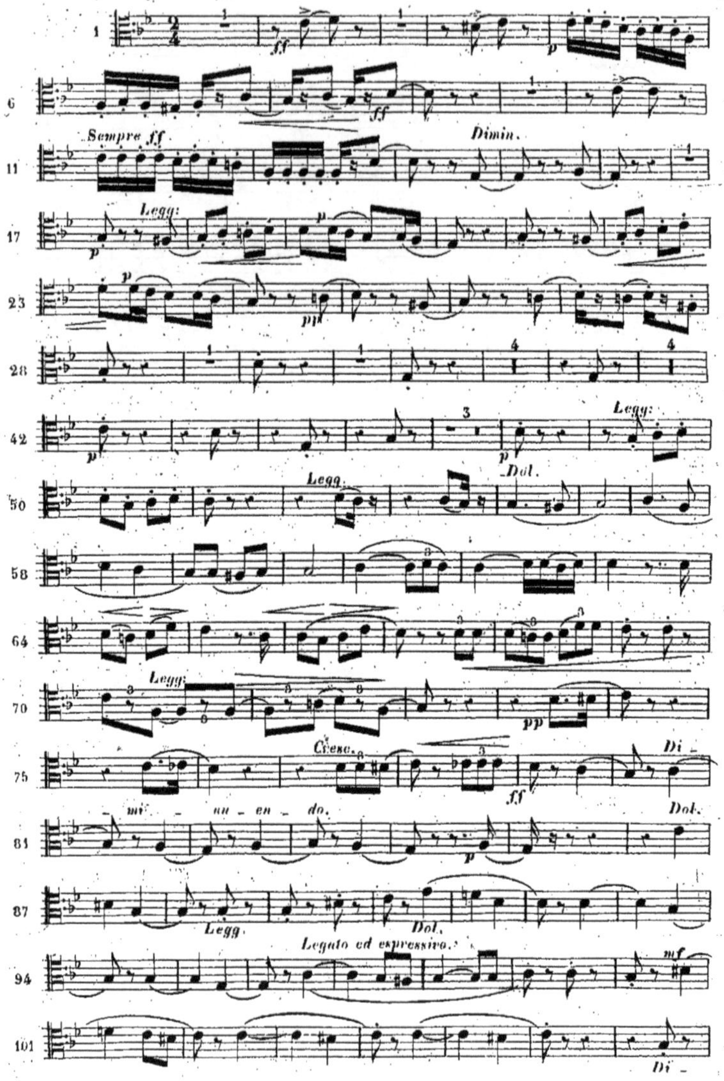

min.
pp
Legg.
Cresc.
f
ff
Di win.
Ben legato.
Cresc.
Cresc.
Dim.
Dolcissimo.
pp
Sempre pp
pp
fp
fp
Leggv
Poco
a poco a-ni-man-do.
f
ff
2
1
1
1

15.

A LA SOCIÉTÉ
La Chorale d'Autun.

Allegretto. *con fermezza.*

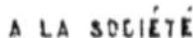

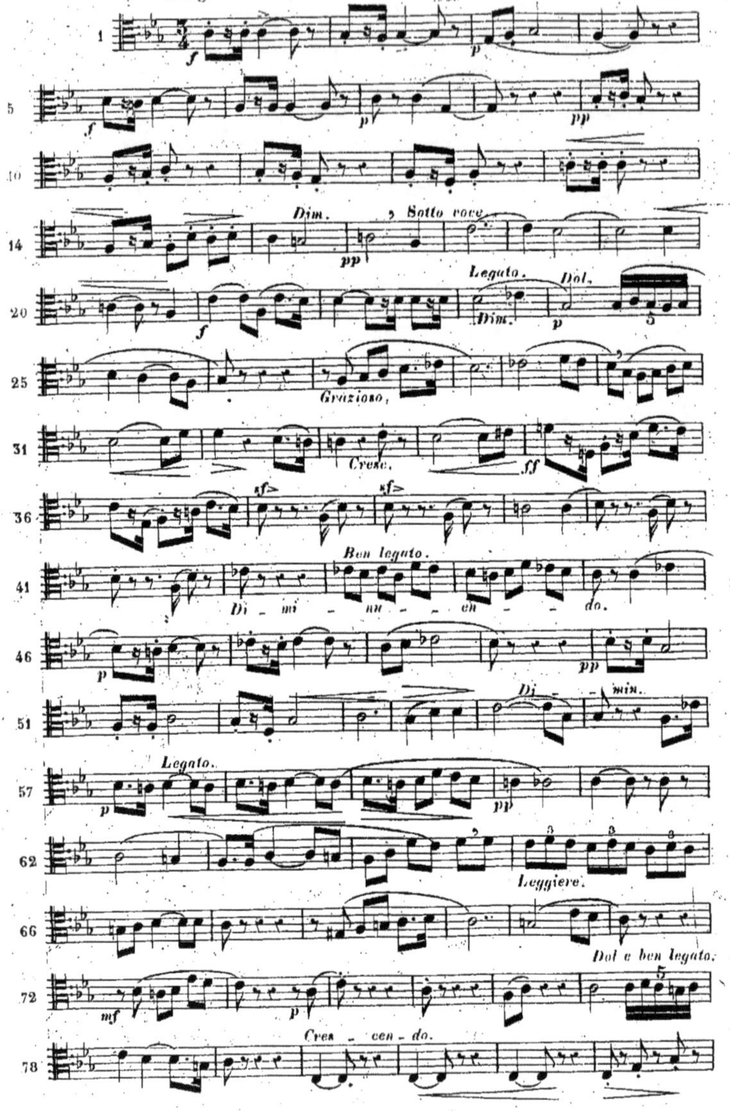

Legg.
p
pp
pp
pp
Un poco riten.
Tempo 1º
Cresc.
Cresc.
ff
p
f
Cres — — cen — — do. ff
con tutta forza.
fff
sf
sf
Ritard.
sf sf
16.
à l'Orphéon de Barcelonne.
Allegretto quasi andantino.
pp
Dimin.
mf
pp
Ben franco.
Dim.
pp
Cresc.

22
Leggiere assai.
Dol e legato.
Leggiere.
pp e leggiere.
ten.
Sotto voce.
Per - den - do - si.

17.

A LA SOCIÉTÉ
La Chorale de Genève.

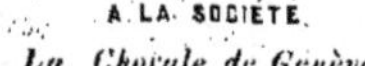

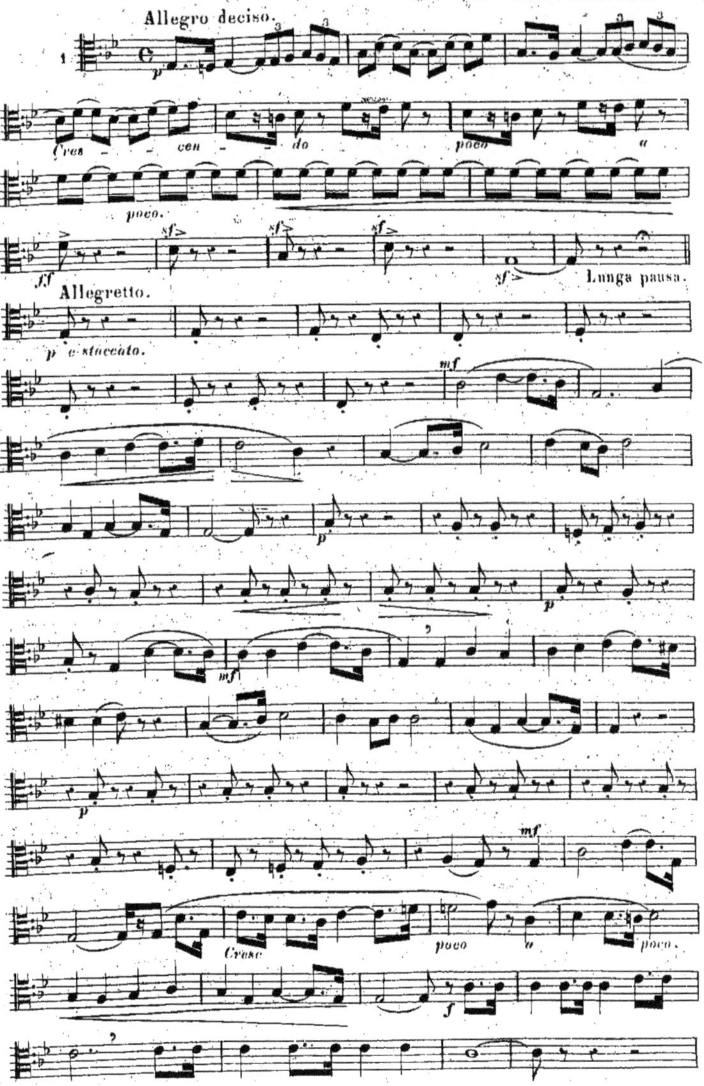

Ben franco.
Cresc poco a
poco. Dim.
p . e staccato.
Sempre pp
Cres -
cen - do poco a poco. Cres - cen -
Un pochetto animato. Tutta forza.
do poco a poco.
Sempre tutta forza.
Animando.

SOLFÉGES ARTISTIQUES

DE
L. D. BESOZZI

Composés pour les
SOCIÉTÉS CHORALES.

Chaque livraison de 8 pages 50° net.

3 Livraisons 1f 25c net.

BIBLIOTHÈQUE IMPÉRIALE IMPR.

1re BASSE.
Première livraison.

A LA SOCIÉTÉ CHORALE
Les Enfants de Lutèce

1

Paris, chez Mme MAEYENS-COUVREUR, 40 rue du Bac.

1869

Un poco animato.
ff
pp Cresc ad
libit poco a poco.. ff
Animato e sempre ff
Animato.
2.
A LA SOCIÉTÉ CHORALE
Les enfants de St Denis.
Allegretto.
p
pp
p Leggiero.
f
p Legg.
f
Dim.
p
ff pp
p
Cresc.
f
ff
Dimin.

pp
ppp
58
64
pp
71
Dol.
77
83
f
89
ff
94
Ralent.
3.
A LA SOCIÉTÉ
La Chorale de l'Odéon.
Moderato.
1
f
p
7
f
13
pp
pp
18
pp e léger.
23
29
Cresc un poco.
pp
34
f
ff
Dol.
40
p
46

4
52
58
f
pp
Cresc.
64
Riten.
69
Dim.
Tempo 1°
Cresc.
74
79
f
ff
84
p
ff
89
Di - min. p Cres - cen - do.
94
ff
98
Lento.
102
Sempre ff
4.
A L'ORPHÉON de ROUEN.
Allegretto.
Doh
1
mp
8
14
1
20
pp
Legg.
26
mf
J.B.130

Legg.
Cres -
- cen - do.
ff
Dim.
p
p
pp
Cres -
cen -
- do.
Dol.
f
Dol.
ff
fff
pp
ff
fff
Animato
pp
Cres -
- cen -
- do.
ff
ff

B.

Allegro.

A LA SOCIETE CHORALE
de St. Quentin.

Allegro.
Dim.
pp
Dim.
p
p
f
Dim.
p
f
sf > p
f
mf
p
pp
p
Crea
cen — — — do.
ff
ff > p
ff > p
ff > p
ff
Sempre ff

118
125
6.
Allegro non troppo.
A LA SOCIÉTÉ
L'Union Chorale de Lille.
p
f
8
p
f
p
pp
Dol.
17
Legg.
25
32
38
Dol.
46
ff
53
f
mf
60
pp
mf
67
p
Espressivo.
75
mf
Legato.
84
92
Dim.
p
100
f
mf
p

7
Allegro franco.
A L'ORPHEON
de Salins. (Jura.)
Cresc.
ff
Dim.
Dim. p
mf
pp
mf
pp
mf
ff
Dim.
pp
mf
Dim.
f
p
Cresc.
f

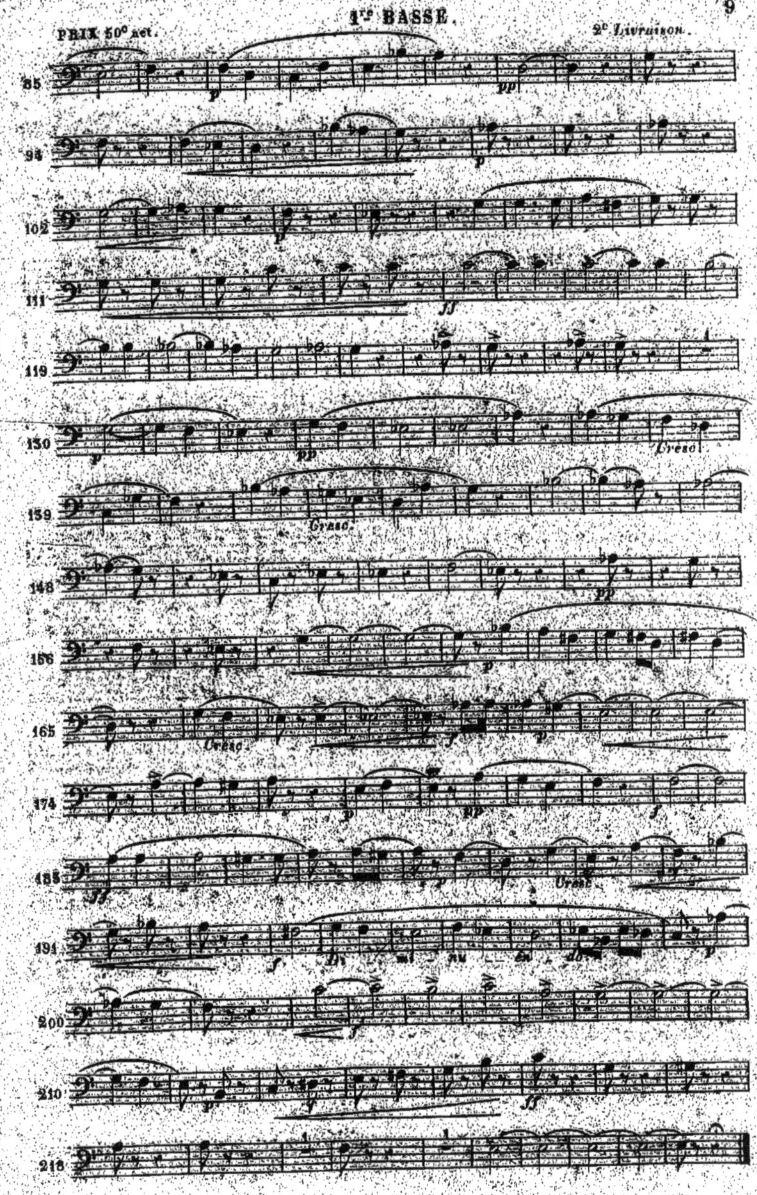

BESOZZI Solf: art:

8

A LA SOCIÉTÉ CHORALE
La Clémence Isaure de Toulouse.

Allegro deciso.

9.

A l'Orphéon de St Omer.
Allegro moderato.
mp
mf
Dim.
p
pp
f
p
pp
f
Cresc.
ff
sf>
sf>
sf>
Dim.
p
ff
pp

42
121
ppp
128
Rall e perdendos:
135
pp
10
A LA SOCIÉTÉ
Le Choral normand de Caen.
Allegretto.
1
p Dol.
6
12
Cres cen do.
f
18
ff
p Dol.
25
ff
p
ff
30
f
ff
36
p Dol.
pp
ff
42
Legg.
p
48
ff
54
ff
mf
60
Dim.
66
mf
f
73
pp
C.E.13

79
Dol.
p
85
(Dim e ra_
Lento.
92
pp
lent.
11.
Andantino. Delicatamente.
A LA SOCIÉTÉ CHORALE
d'Avignon
1
Ben legato.
f
p
6
ff
12
Dim.
Dim.
p
Ben legato.
17
Legg.
Dol.
23
p Dol.
29
35
f
p
f
40
ff
p
45
Cresc.
Legg.
50
p
54
f
59
Dimi _ nu _ en _ do.
p
65
Sempre pp

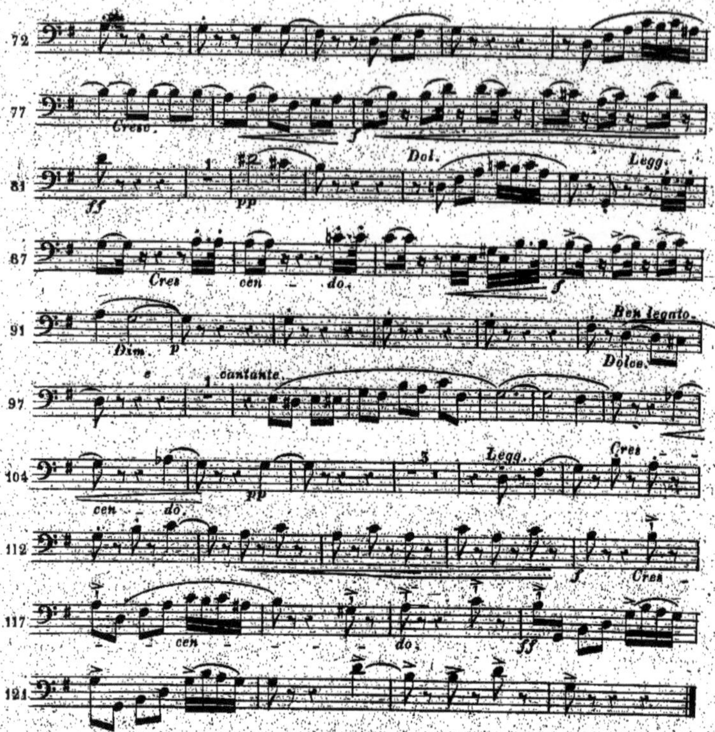

12.

A LA SOCIÉTÉ CHORALE
La Concordia de Mulhouse.

Allegro franco.

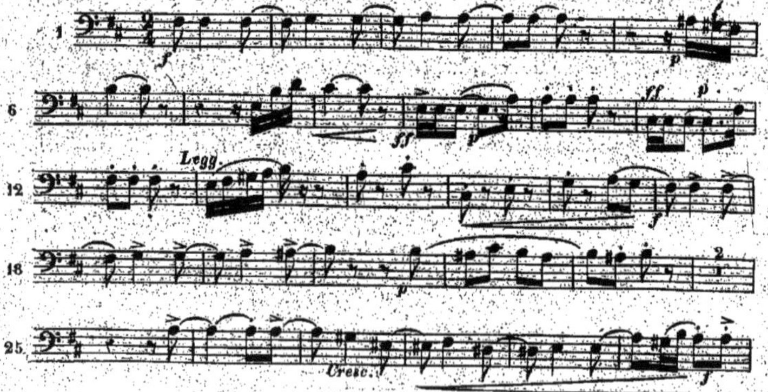

15
Dimin.   Legato.
mp
Dimin.
Di..
mi nu en do
Dolce.
P Legg.
Cresc.   ff
P Legg.
Ben staccato.   pp
ff
Animando un poco.
Sempre ff
Animando.

13.

A LA SOCIÉTÉ CHORALE,
La Reunion lyrique de Bruxelles.

Allegro vivo e leggiere.
Sempre pp
Molto leggiere.
Legato.
Cres — cen — do. f
Cres cen
Cresc.

P.130.   BESOZZI

14.

Allegro non troppo
quasi allegretto.
A LA SOCIÉTÉ CHORALE
La Cécilienne de Genève.

ff
ff
Dimin.
p
Legg.
p
pp
1
1
4
1
p
Dol e cantante.
mf
2
Legg.
p
Legg.
Dol.
3
3
3
Legg.
3
3
pp
Cresc.
ff
Di — mi — nu — en — do.
p
Dol.
Legg.
Dol.
mf
Di —

108
min.
Legg.
pp
Cresc.
114
f
ff
122
128
Di
min.
134
Cresc.
f
139
Ben legato.
Cresc.
145
Dim.
Dolcissimo.
153
pp
160
pp
fp
fp
Poco
a
poco
167
Sempre pp
a
ni
man
do.
173
f
178
ff
184
190
198
206

B.13(
130.

15.

Allegretto con fermezza.
A LA SOCIETE
La Chorale d'Autun.

Tempo 1°.
Dim. pp Sotto voce.
Leguto.
Dol.
Dim.
Grazioso.
Cresc
Di _ mi _ nu _ en _ _ do.
Legg.
Di _ min.
Dol e ben legato.
Cres _ cen _ do.

JB.130.

Legg.

Un poco riten.
Tempo 1°.
Cresc.
ff
Cres — cen — do.
ff
fff
Ritard.

16.

a l'Orphéon d'Alger.
Allegretto quasi Andantino.
Di — min.
Dim.   pp Leggiere e ben staccato.
Cresc.

22
pp
ff
ff
pp
ff
f
p
1
1
pp
p
p
ten.
f
p
Dol. e ben legato.
Leguto.
pp e leggiere.
p Ben leggiere.
pp
Molto leggiere.
p
f
48
53
58
64
71
77
83
89
95
101
107
111
117
124
130
136

Per - den - do - si.
142
pp
147
ppp
Sotto voce..
mf
17.
A LA SOCIÉTÉ
La Chorale de Genève.
Allegro deciso.
p
Cres
cen
do
poco
a
poco.
ff
sf>
sf>
Allegretto.
sf>
sf
Lunga pausa.
p e staccato.
mf
mf
p
mf
p
mf
Cresc
poco
a
poco.
f
ff
pp
ff

Paris, Imp: L. SALME, 20 rue de la Poterie

SOLFÉGES ARTISTIQUES
DE
L. D. BESOZZI
Composés pour les
SOCIÉTÉS CHORALES.
Chaque livraison
de 8 pages 50c net.
3 Livraisons
1f 25c net.
2me BASSE.
Première livraison.
1
A LA SOCIÉTÉ CHORALE
Les Enfants de Lutèce.
Moderato.
Cres - cen - do.
Di -
min.
Legato.
2
Cresc.
p Ben legato.
Cres - cen - - do.
2
Crescendo.
Paris, chez Mme MAEYENS-COUVREUR, 40, R. du Bac. 1869

2
Un poco animato.
56
60
ff
64
Cresc   ed
pp
accel   poco   a   poco.
69
72
ff
76
Animato.
Animato e sempre ff
80
2
À LA SOCIÉTÉ CHORALE
Les Enfants de St Denis.
Allegretto.
1
p
7
pp
12
p
18
P Leggiero.
23
p Legg.
f
28
f
Dim.
p
35
ff
41
46
Cresc.
p   f   p

Dim.
3
ff
pp
f
ppp
pp
Dol.
p
2
f
ff
Ralent.
3
A LA SOCIÉTÉ
La Chorale de l'Odéon.
Moderato.
f
p
pp
2
pp et léger.
2
Cresc. un poco.
f
ff
p

4
pp
Cresc.
Cresc.
Di — — min. p Cres — cen — do.
Lento.
Sempre ff
4
Allegretto.
A. L'ORPHÉON de ROUEN.
p
mp
JB. 130

5
pp
Legg.
mf
Legg.
Cres _ _ cen _ _ do.
ff
ff
Cres _ _ cen _ _ do.
pp
f
ff
p
p
ff
fff
pp
ff
fff
B.130.

6
Animato.
114
121
ff
127
132
5
A LA SOCIÉTÉ CHORALE
de St. Quentin.
Allegro.
1
p
7
pp
15
24
p
31
39
f
47
Dim
p
54
f
62
p
mf
69
p
76
Cres
82
cen   do.

88
97
103
109
Sempre ff
115
120
126
6
À LA SOCIÉTÉ
L'Union Chorale de Lille.
Allegro non troppo.
Dim.
Dol.
Legg.
ff
mf
pp

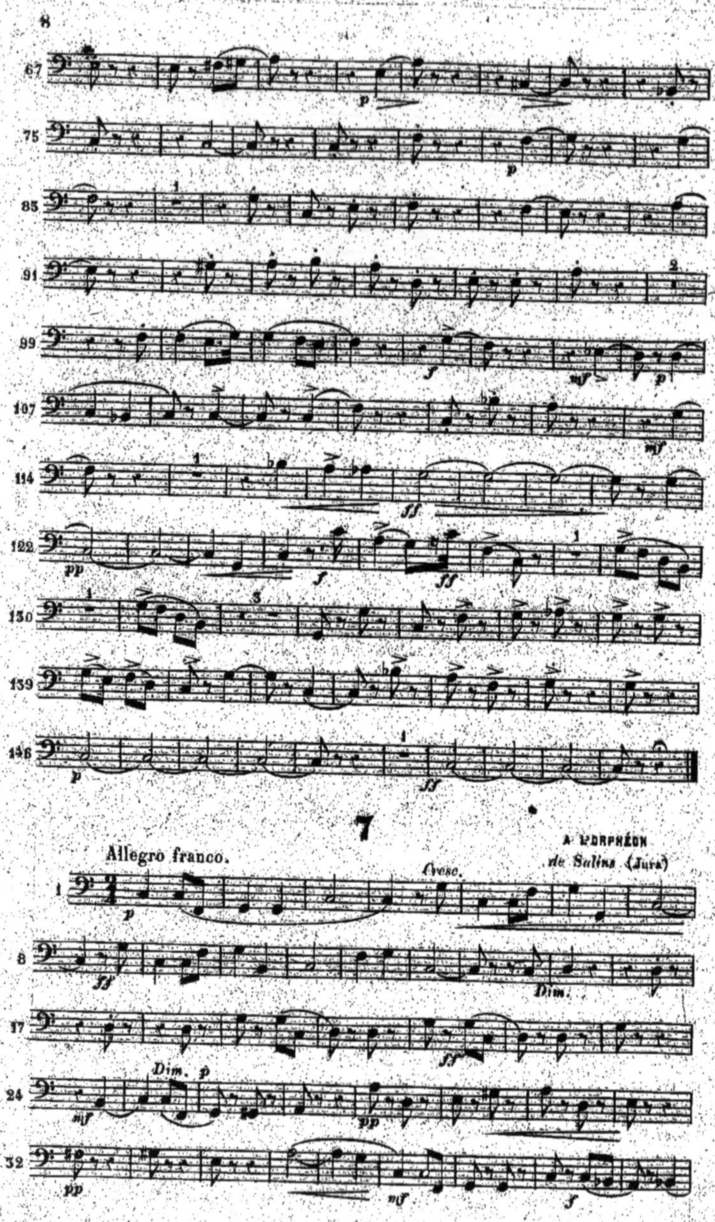
8
7
Allegro franco.
Cresc.
A L'ORPHÉON
de Salins (Jura)
Dim.
Dim. p

ff.
Dim.
p.
pp.
Dim.
mf
f
p
pp
p
pp
ff
p
pp
11
pp
p
Cresc.
p
f
ff

10
Cresc.
7
8.
A. LA SOCIÉTÉ CHORALE
La Clémence Isaure de Toulouse.
Allegro deciso.
Dim.
Dim.
Cresc.
Dol
Cresc.
JB.E

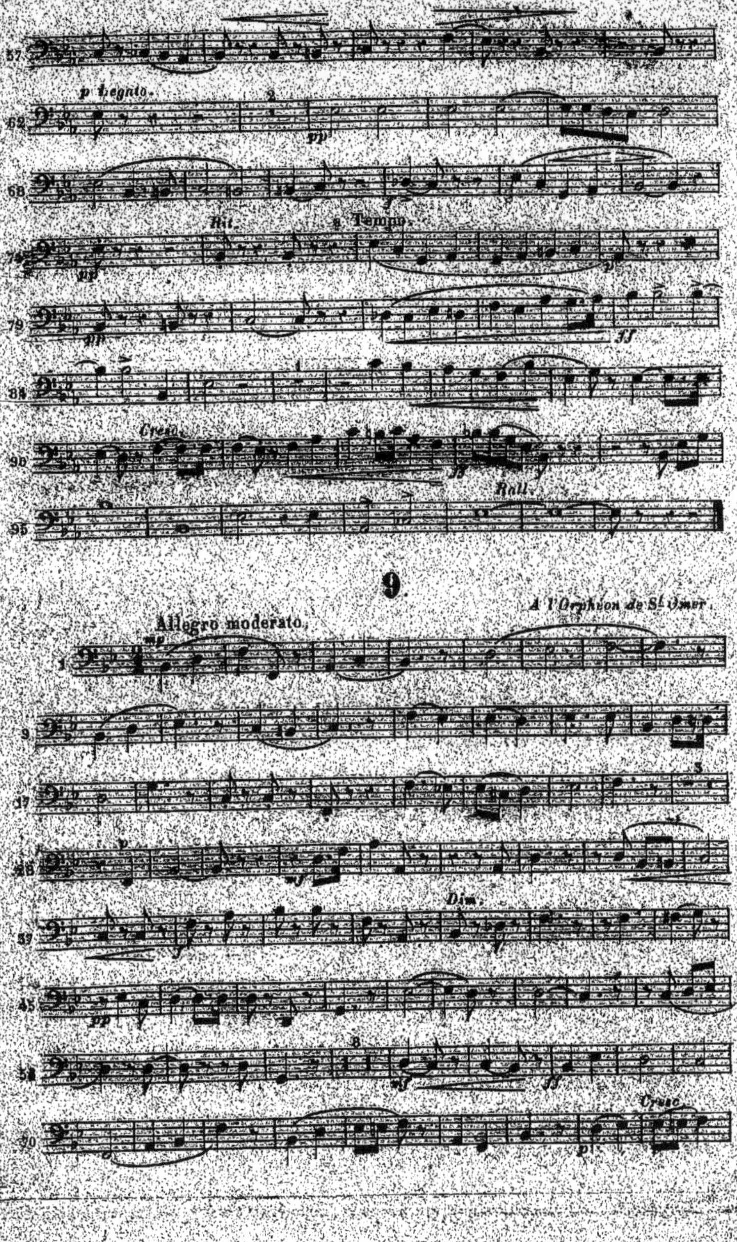
p legato.
pp
Rit.
a Tempo.
pp
ff
Cresc.
ff
Rall.
9.
A l'Orphéon de St Omer.
Allegro moderato.
mp
p
Dim.
pp
ff
p
Cresc.

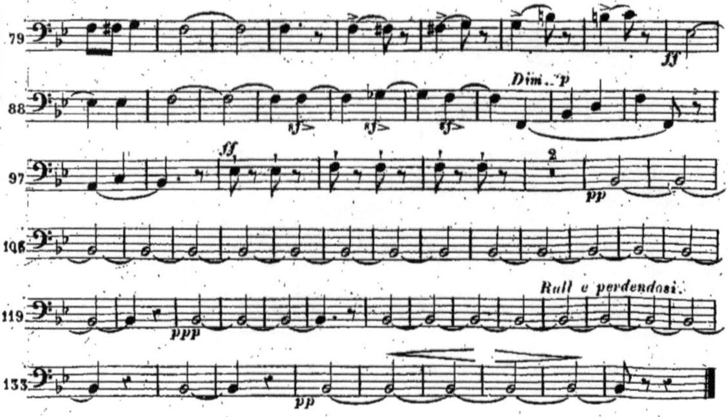

12

79

88

Dim. p

97

2

pp

105

Rall e perdendosi.

119

ppp

133

pp

10.

A LA SOCIÉTÉ
Le Choral normand de Caen.

Allegretto.

1

3

p Dol.

Dol.

8

Cres -

14

con - do.

f

20

p Dol.

ff

26

p

ff

p

p

31

ff

p Dol.

37

pp

ff

p Legg.

43

49

ff

p

54

ff

mf

JB.130.

Dim.
f
pp
Dol.
p
Dim e ralent.   Lento.
pp
11.
A LA SOCIÉTÉ CHORALE
d' Avignon.
Andantino. Delicatamente.
p
ff
Dim.
p
p
p
Legg.
Dol.
f
p
f
ff
p
Cresc.
Legg.

57
f
4
p
65
pp.
Sempre pp
70
76
Cresc.
f
80
ff
Cres
pp
86
Legg.
Cres cen do
89
f
Dim.
p
Espressivo
93
98
pp
103
pp
3
Cres.
111
f
con do
117
ff
121
12.
Allegro franco.
A LA SOCIÉTÉ CHORALE
La Concordia de Mulhouse.
1
2/4
f
1
p
7
1
ff
p
ff
p
12
1
f
J130

Cresc.
Cresc.
p Legg.
p Legg.
Ben staccato.
Sempre ff
Animando un poco.
Animando.

A LA SOCIÉTÉ CHORALE
La réunion lyrique de Bruxelles.
Allegro vivo e leggiero
Sempre pp
Molto leggiero
Cres - - cen - - do.

PRIX 50ᶜ net.   3ᵉ Livraison.

BESOZZI Solf. art:

175
179
14
Allegro non troppo
quasi allegretto.
A LA SOCIÉTÉ CHORALE
La Cécilienne de Genève.
ff
Sempre ff
Dim.
Dim.
p Legg.
p
pp
Dol e cantante.
mp
2 p
mp
1
p
Legg.
Legg.
Dol.
3
Legg.
pp
Cresc.
ff
Di _ mi _ nu _ en _ do
p
Dol.
3
Legg.
Dol.

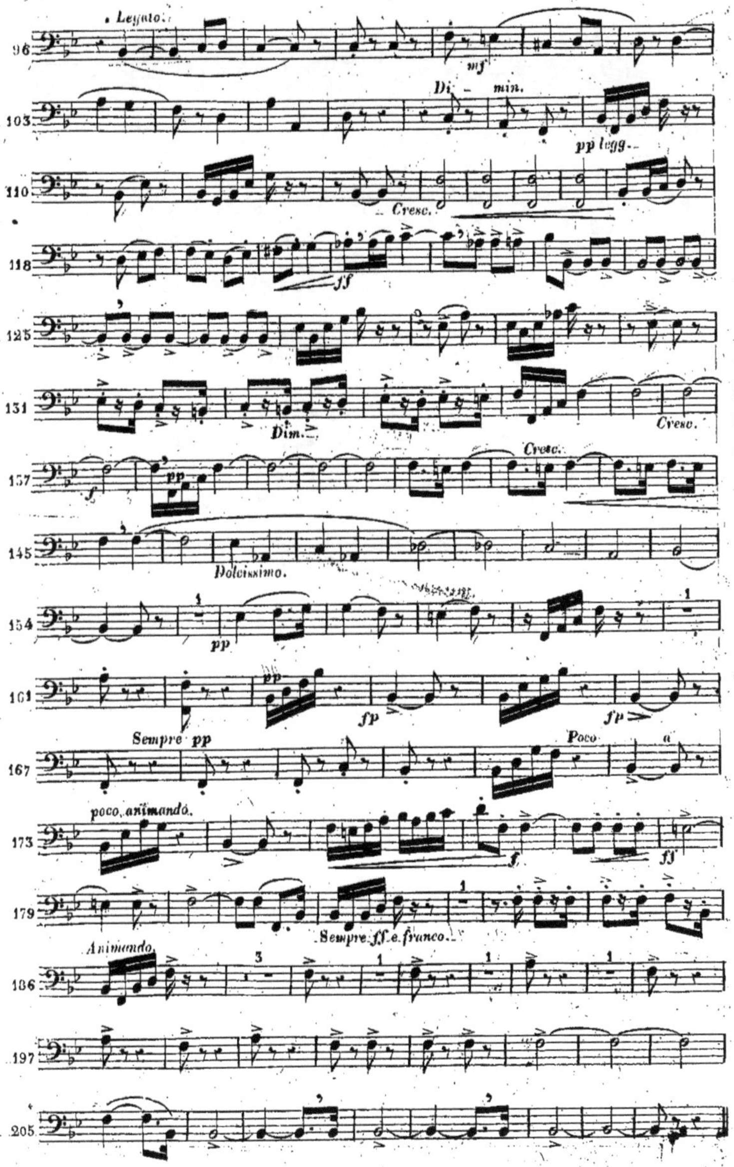
Legato
mf
Di - min.
pp legg.
Cresc.
ff
Dim.
Cresc.
f
pp
Cresc.
Dolcissimo.
pp
fp
Sempre pp
Poco a
poco animando.
f
ff
Sempre ff e franco.
Animando.

15

Allegretto con fermezza.

95
PP Leggiere molto.   Cresc. un poco.   Dim.   pp
99
Cresc.   Un poco rit.
Tempo 1°
102
ff
107
Dim.   p   f.
111
115
Cres - cen - do   ff   Tutta forza.
119
fff   sf >   sf >
124
sf > sf >   Sempre ff   Ritard.

16

à l'Orphéon de Barcelonne.

Allegretto quasi Andantino.
1   2/4
pp e leggiere.
6
11
Di - min.
16
mf
Perdendosi.
21
ff >   pp
27
f
33
Dim.   pp
38

Cresc.
Legg. assai.
Dol. e legato.
pp e leggiere.
Legato.
Molto leggiere.
JB. 1130.

Perdendosi.
141
Perdendosi.
147
ppp
Sotto voce.
mf
17
À LA SOCIÉTÉ
La Chorale de Genève.
Allegro deciso.
p
Cres _ _ _ _ cen _
5
_ _ do
poco
a
poco
8
ff
Allegretto.
12
sf
lunga pausa.
mp e cantante.
13
23
mf
30
p
35
p
mf
42
48
mp
53
mf
57
Cresc
poco
a
poco
61
f
65
ff

Paris, Imp: L. SALME, 20, rue de la Poterie.

J.E.

www.ingramcontent.com/pod-product-compliance
Ingram Content Group UK Ltd.
Pitfield, Milton Keynes, MK11 3LW, UK
UKHW022340090726
13658UKWH00001B/373